Impressum
Verlag: BABADADA GmbH, Nedderfeld 112 , 22529 Hamburg
Geschäftsführer / Verlagsleitung: Harald Hof
Druck: Books on Demand GmbH, In de Tarpen 42, 22848 Norderstedt

Imprint
Publisher: BABADADA GmbH, Nedderfeld 112 , 22529 Hamburg, Germany
Managing Director / Publishing direction: Harald Hof
Print: Books on Demand GmbH, In de Tarpen 42, 22848 Norderstedt

sekolo

l'école

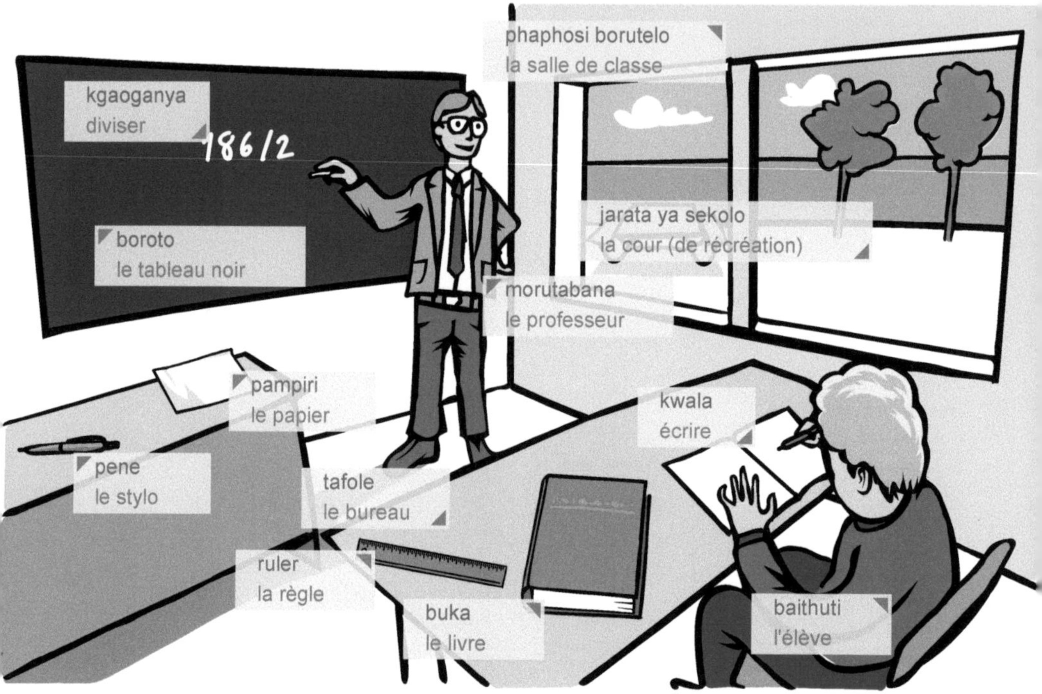
phaphosi borutelo
la salle de classe
kgaoganya
diviser
186/2
jarata ya sekolo
la cour (de récréation)
boroto
le tableau noir
morutabana
le professeur
pampiri
le papier
kwala
écrire
pene
le stylo
tafole
le bureau
ruler
la règle
buka
le livre
baithuti
l'élève

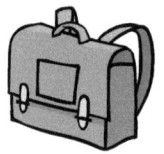

kgetsana ya dibuka

le cartable

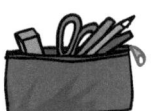

setsenya dipensele

la trousse

pensele

le crayon

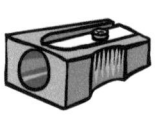

seseta pensele

le taille-crayon

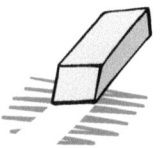

sephimola

la gomme

boto ya go torowa

le carnet à dessin

torowa

le dessin

boratšhe jwa pente

le pinceau

bokose ya pente

la boîte de peinture

dikere

les ciseaux

sekgomaretsi

la colle

buka ya go kwalela

le cahier d'exercices

tirogae

les devoirs

palo

le chiffre

tlhakanya

additionner

kgaoganya

soustraire

atisa

multiplier

khalkhuleitara

calculer

lekwalo

la lettre

alfabete

l'alphabet

lefoko

le mot

mafoko

le texte

bala

lire

choko

la craie

thuto

la leçon

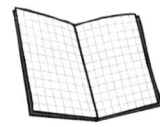

rejistara

le livre de classe

tlhatlhobo

l'examen

setifikeiti

le certificat

diaparo tsa sekolo

l'uniforme scolaire

thuto

la formation

encyclopedia

le lexique

unibesithi

l'université

mikoroskoupo

le microscope

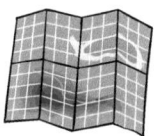

mmepe

la carte

moteme wa dipampiri

la corbeille à papier

hotele
l'hôtel

Grand

hosetele
l'auberge

ROOMS

kantoro ya go fetola madi
le bureau de change

ECHANGE

sutukeisi
la valise

sejanaga
la voiture

puo
la langue

ee / nnyaa
oui / non

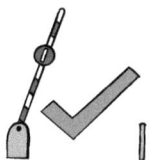

Go siame
d'accord

dumela
Salut

moranodi
l'interprète

Ke a leboga
merci

ke bokae...?

Combien coûte...?

ga ke tlhaloganye

Je ne comprends pas

bothata

le problème

O itumelele bosigo!

Bonsoir !

Dumela!

Bonjour !

Robala Sentle!

Bonne nuit !

tsamaya sentle

Au revoir

tsela

la direction

dithoto

les bagages

kgetsi

le sac

kgetsi

le sac-à-dos

moeng

l'hôte

phaposi

la pièce

kgetsana ya go robalela

le sac de couchage

mogope

la tente

tshedimosetso ya mojanala

l'office de tourisme

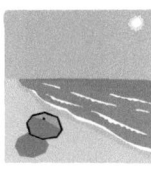

lewatle

la plage

karata ya go tsaya sekoloto

la carte de crédit

sefitlholo

le petit-déjeuner

dijo tsa motshegare

le déjeuner

dijo tsa maitsiboa

le dîner

tekete

le billet

lifiti

l'ascenseur

setempe

le timbre

bodara

la frontière

dingwao

la douane

embassy

l'ambassade

visa

le visa

lokwalo itshupo

le passeport

sepalangwa
le transport

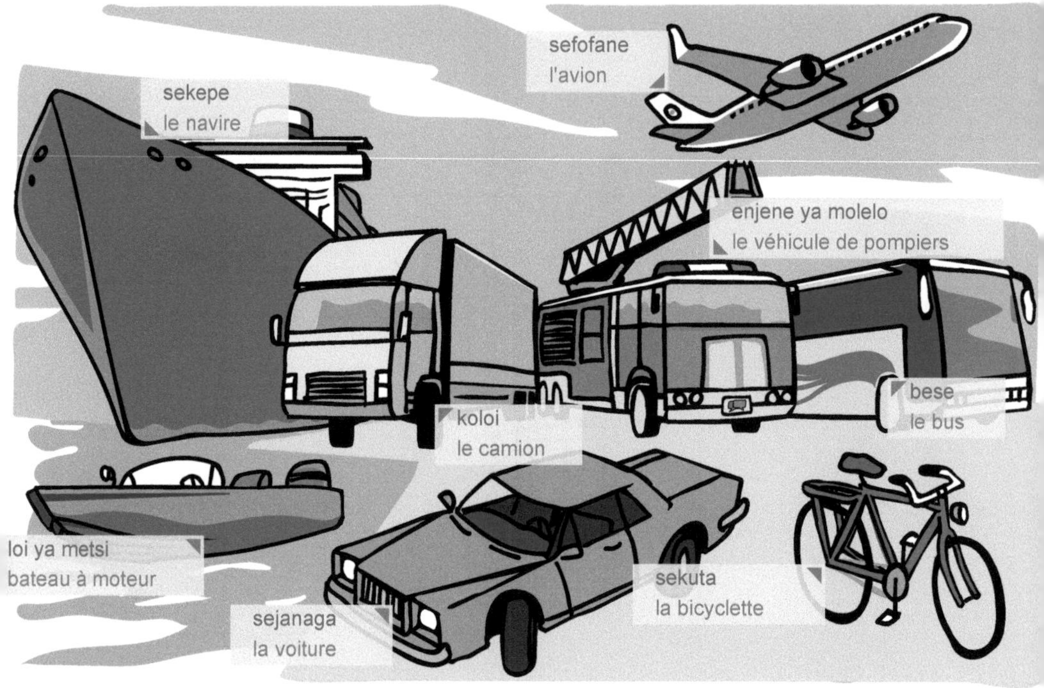

sefofane
l'avion
sekepe
le navire
enjene ya molelo
le véhicule de pompiers
bese
le bus
koloi
le camion
loi ya metsi
bateau à moteur
sekuta
la bicyclette
sejanaga
la voiture

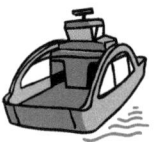

feri
le ferry

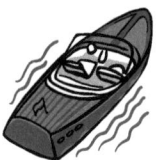

sekepe
la barque

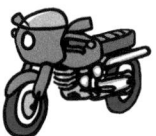

sethuthuthu
la moto

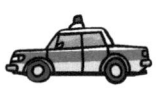

sejanaga sa mapodisa
la voiture de police

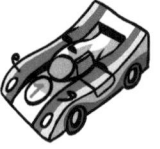

sejanaga sa lobelo
la voiture de course

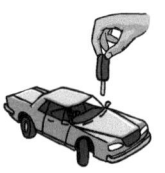

sejanaga se se hirilweng
la voiture de location

aroganya sejanaga

l'auto-partage

koloi e e gogang dikoloi tse di robegileng

la voiture de remorquage

koloi e e tsayang matlakala

la benne à ordures

koloi

le moteur

lookwane

l'essence

seteišhene sa lookwane

la station d'essence

letshwao la pharakano

le panneau indicateur

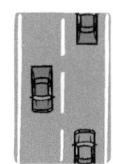

pharakano

le trafic

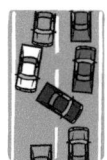

pharakano

l'embouteillage

lefelo la go emisa koloi

le parking

seteišhene sa terena

la gare

mela

les rails

terena

le train

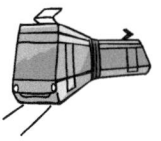

tereme

le tramway

kolotsana

le wagon

sefofane

l'hélicoptère

boemeladifofane

l'aéroport

tora

la tour

mopalami

le passager

sekhafothini

le conteneur

bokoso

le carton

karaki

le chariot

basekete

la corbeille

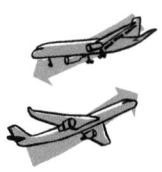

go tsamaya / go fitlha

décoller / atterrir

toropo
la ville

motse

le village

legare la teropo

le centre-ville

ntlo

la maison

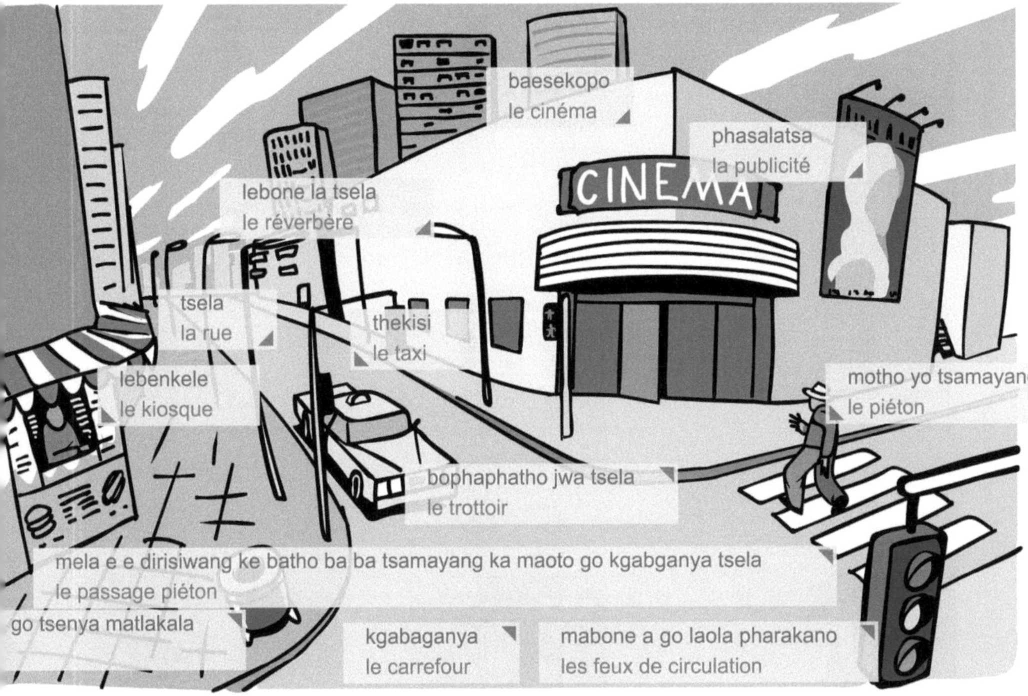

baesekopo
le cinéma

phasalatsa
la publicité

lebone la tsela
le réverbère

tsela
la rue

thekisi
le taxi

lebenkele
le kiosque

motho yo tsamayang
le piéton

bophaphatho jwa tsela
le trottoir

mela e e dirisiwang ke batho ba ba tsamayang ka maoto go kgabganya tsela
le passage piéton

go tsenya matlakala

kgabaganya
le carrefour

mabone a go laola pharakano
les feux de circulation

tlo e e ruletseng ka bojang

la cabane

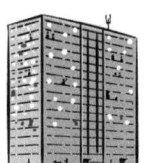

sephara

l'appartement

seteišhene sa terena

la gare

ntlolehalahala la toropo

la mairie

museamo

le musée

sekolo

l'école

unibesithi

l'université

banka

la banque

sepetlele

l'hôpital

hotele

l'hôtel

lefelo la melemo

la pharmacie

kantoro

le bureau

lebenkele la dibuka

la librairie

lebenkele

le magasin

batho ba ba rekisang malomo

le fleuriste

lebenkele

le supermarché

maraka

le marché

lebenkele la diaparo

le grand magasin

fishmongers

la poissonnerie

moago wa mabenkele a a mantsi

le centre commercial

boema dikepe

le port

serapa

le parc

banka

la banque

borogo

le pont

ditepisi

les escaliers

kwa tlase ga lefatshe

le métro

kgogometso

le tunnel

boemela bese

l'arrêt de bus

bara

le bar

lefelo la go jela

le restaurant

lebokose la pose

la boîte à lettres

letshwao la tsela

le panneau indicateur

mitara wa go emisa koloi

le parcmètre

lefelo la go bonela
diphologolo

le zoo

letlodi la go thuma

le réverbère

tempele ya mamoselema

la mosquée

polase

la ferme

kgotlelelo

la pollution

mabitla

la cimetière

kereke

l'église

lefelo la go tshamekela

l'aire de jeux

temple

le temple

boago jwa lefelo
le paysage

setlhatsana
la feuille

matshwao
le panneau indicateur

tsela
le chemin

ditlhaga
le pré

letlapa
la pierre

motho yo o tsamayang mo thabeng
le randonneur

setlhare
l'arbre

noka
la rivière

bojang
l'herbe

lelomo
la fleur

mokgatšha

la vallée

thatshana

la montagne

lekadiba

le lac

sekgwa

la forêt

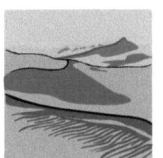

sekaka

le désert

lekgwamolelo

le volcan

khasele

le château

motshe wa badimo

l'arc-en-ciel

leboa

le champignon

mokolana

le palmier

montsane

le moustique

tshenekegi

la mouche

tshoswane

les fourmis

notshi

l'abeille

segokgo

l'araignée

khukhwana

le coléoptère

segwagwa

la grenouille

mosha

l'écureuil

noko

le hérisson

mmutla

le lièvre

morubisi

la chouette

nonyane

l'oiseau

pidipidi

le cygne

dikolobe tsa naga

le sanglier

kgokong

le cerf

moose

l'élan

letamo

le barrage

sefetlhaphefo

l'éolienne

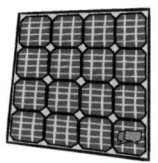

motlakase o o dirilweng ka
letsatsi

le panneau solaire

loapi

le climat

lefelo la go jela
le restaurant

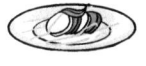

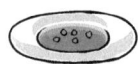

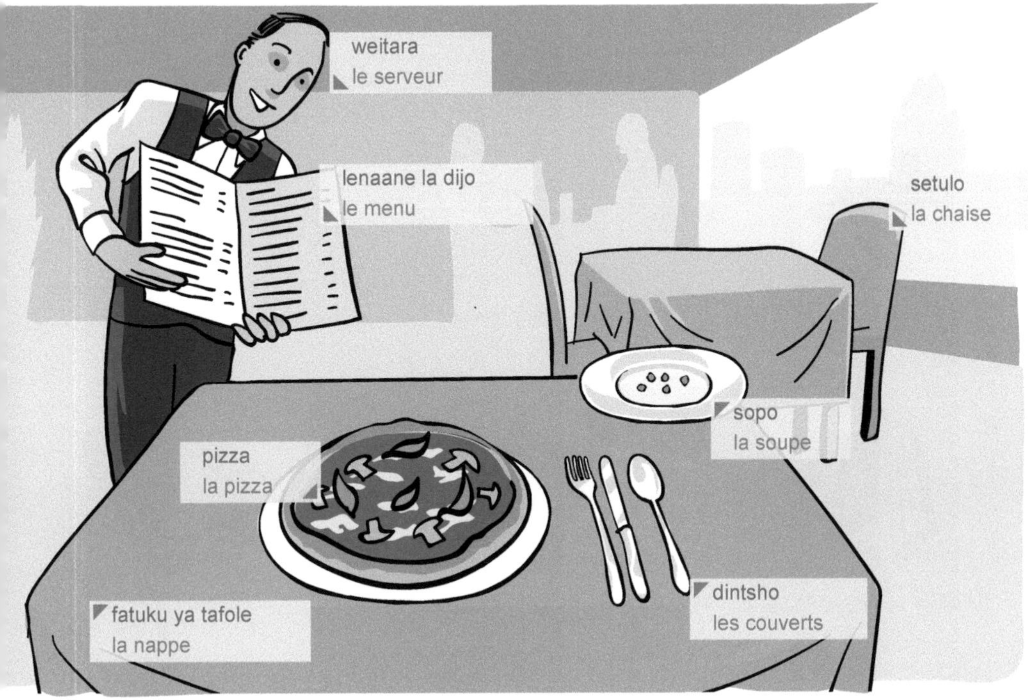

weitara
le serveur
lenaane la dijo
le menu
setulo
la chaise
sopo
la soupe
pizza
la pizza
dintsho
les couverts
fatuku ya tafole
la nappe

sejo sa ntlha

les hors d'œuvre

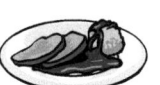

sejo sa bobedi

le plat principal

dijo tse di naleng sukiri

le dessert

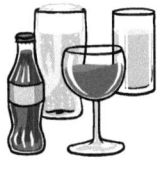

dino

les boissons

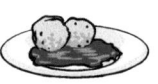

dijo

l'alimentation

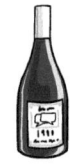

botlolo

la bouteille

dijo tsa mo strateng

le fast-food

dijo tsa seterata

les plats à emporter

ketlele ya tee

la théière

sejana sa go tsenya sukiri

le sucrier

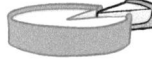

karolo

la portion

motšhini wa espresso

la machine à expresso

setulo se se kwa godimo

la chaise haute

tshupamolato

la facture

terei

le plateau

thipa

le couteau

forotlho

la fourchette

liso

la cuillère

leswana

la cuillère à thé

lesela la go iphimola

la serviette

galase

le verre

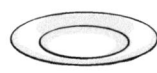

poleiti

l'assiette

poleiti ya sopo

l'assiette à soupe

sosara

la soucoupe

sopo

la sauce

sejana sa letswai

la salière

sesila pepere

le moulin à poivre

aseini

le vinaigre

oli

l'huile

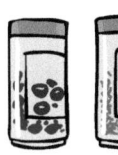

ditswaiso

les épices

tamati souso

le ketchup

masetete

la moutarde

mayonaese

la mayonnaise

lebenkele

le supermarché

sesolo se se kgethegileng
l'offre promotionnelle
FOR
moreki
le client
dilwana tsa mašwi
les produits laitiers
leungo
les fruits
teroli
le chariot

BUTCHERS

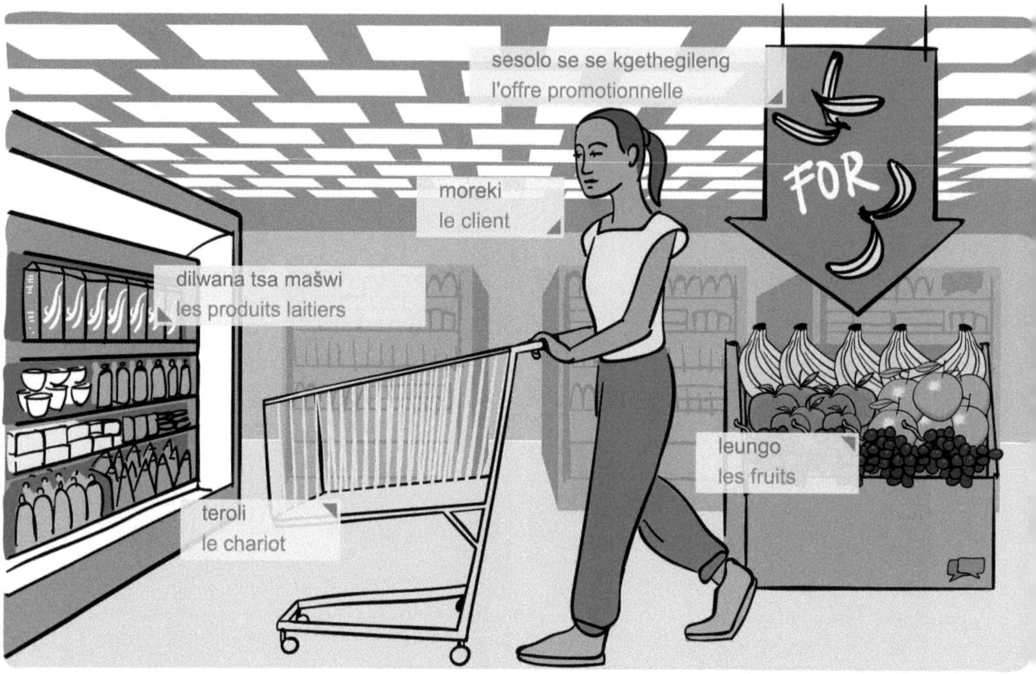

batho ba ba segang nama

la boucherie

BAKERY

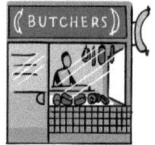

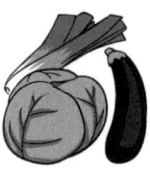

babaki

la boulangerie

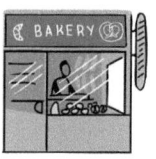

boima

peser

merogo

les légumes

nama

la viande

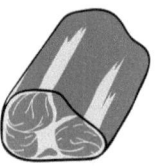

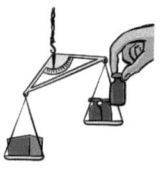

dijo tse di aesitsweng

les aliments surgelés

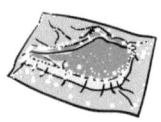

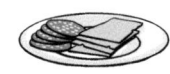

nama e e sa tlhokeng go apewa

la charcuterie

dijo tsa thini

les conserves

molora o o tlhatswang

la poudre à lessive

dimonamone

les bonbons

dilwana tsa ntlo

les articles ménagers

dilwana tsa go phepafatsa

les détergents

morekisi

la vendeuse

motšhini wa madi

la caisse

morekisi

le caissier

lennane la go reka

la liste d'achats

diura tsa go bula

les heures d'ouverture

sepatšhe

le portefeuille

karata ya go tsaya sekoloto

la carte de crédit

kgetsi

le sac

kgetsi ya polasetiki

le sac en plastique

les boissons

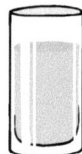

metsi

l'eau

jusi

le jus de fruit

mašwi

le lait

khouku

le coca

beine

le vin

biri

la bière

bojalwa

l'alcool

khoukhou

le chocolat chaud

tee

le thé

kofi

le café

esepereso

l'expresso

cappuccino

le cappuccino

panana

la banane

apole

la pomme

namune

l'orange

legapu

le melon

surunamune

le citron.

segwete

la carotte

konofole

l'ail

lotlhaka lwa bampuse

le bambou

eie

l'oignon

mabowa

le champignon

manoko

les noisettes

di-noodles

les pâtes

sepagethi

les spaghetti

raese

le riz

salate

la salade

ditšhipisi

les pommes frites

ditapole tse di gadikilweng

les pommes de terre rôties

pizza

la pizza

hamburger

le hamburger

borotho jo bo tlapisitsweng

le sandwich

nama e e gadikilweng

l'escalope

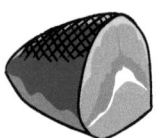

nama ya kolobe

le jambon

salami

le salami

boroso

la saucisse

koko

le poulet

gadika

le rôti

tlhapi

le poisson

bogobe jwa outse
....
les flocons d'avoine

muesli
....
le muesli

cornflakes
....
les cornflakes

bupi
....
la farine

croissante
....
le croissant

banse
....
les petits-pains

borotho
....
le pain

borotho jo bo besitsweng
....
le pain grillé

bisikiti
....
les biscuits

botoro
....
le beurre

tšhisi
....
le fromage blanc

kuku
....
le gâteau

lee
....
l'œuf

lee le le gadikilweng
....
l'œuf au plat

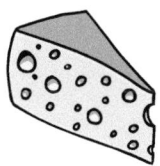

kase
....
le fromage

aesekirimi

la glace

sukiri

le sucre

mamepe a dinotshe

le miel

jeme

la confiture

chokolete e e tshasiwang

la crème nougat

khari

le curry

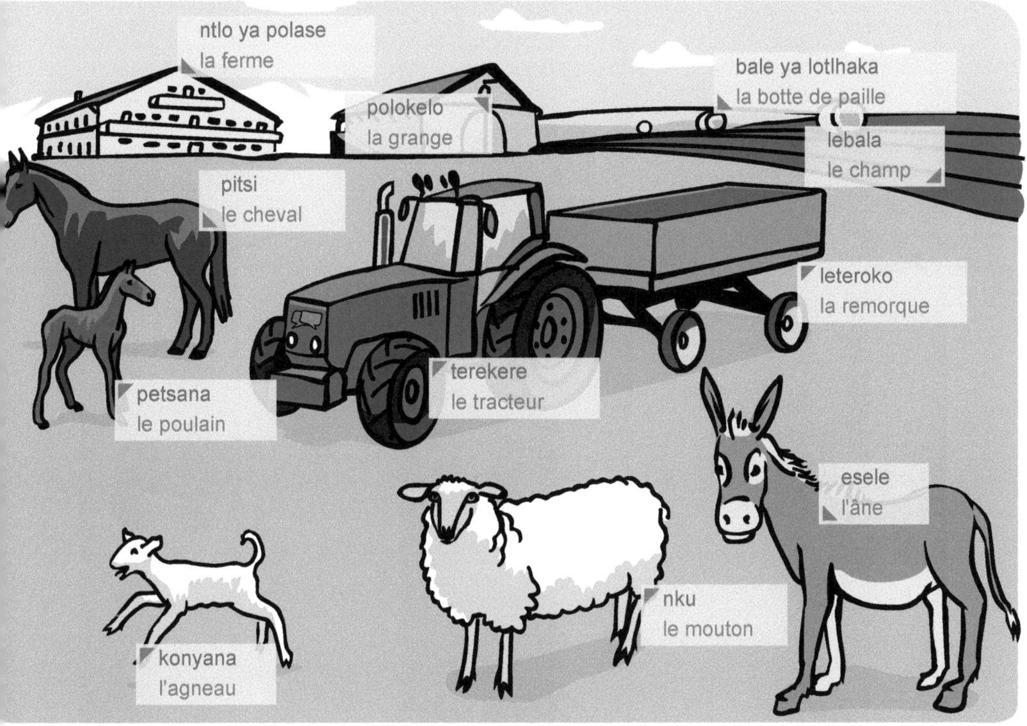

ntlo ya polase
la ferme

bale ya lotlhaka
la botte de paille

polokelo
la grange

lebala
le champ

pitsi
le cheval

leteroko
la remorque

petsana
le poulain

terekere
le tracteur

esele
l'âne

konyana
l'agneau

nku
le mouton

pudi

la chèvre

kgomo

la vache

namane

le veau

kolobe

le porc

kolojane

le porcelet

poo

le taureau

ganse

l'oie

pidipidi

le canard

kokwanyana

le poussin

mokoko

la poule

mokoko

le coq

peba

le rat

katse

le chat

peba

la souris

kgomo

le bœuf

ntša

le chien

ntlo ya ntša

le chenil

lethompo la tshingwana

le tuyau de jardin

tanka ya go nosetsa

l'arrosoir

disekele tsa tshipi

la faucheuse

lema

la charrue

disekele

la faucille

setlhagola

la pioche

foroko ya go peta

la fourche

selepe

la hache

kiribae

la brouette

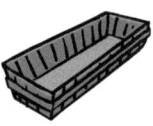

bonwelo

la cuve

mašwi a a moteng ga moteme

le pot à lait

kgetsana

le sac

legora

la clôture

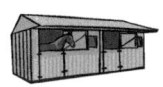

tsepame

l'étable

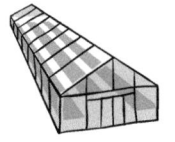

lefelo la go godisa dijalo

le serre

mmu

le sol

peo

les semences

menyoro

l'engrais

thobo e e kopaneng

la moissonneuse-batteuse

thobo

récolter

thobo

la récolte

di-yam

l'igname

korong

le blé

soya

le soja

tapole

la pomme de terre

korong

le maïs

disonobolomo

le colza

setlhare sa maungo

l'arbre fruitier

cassava

le manioc

dijo tsa phakela

les céréales

ntlo

la maison

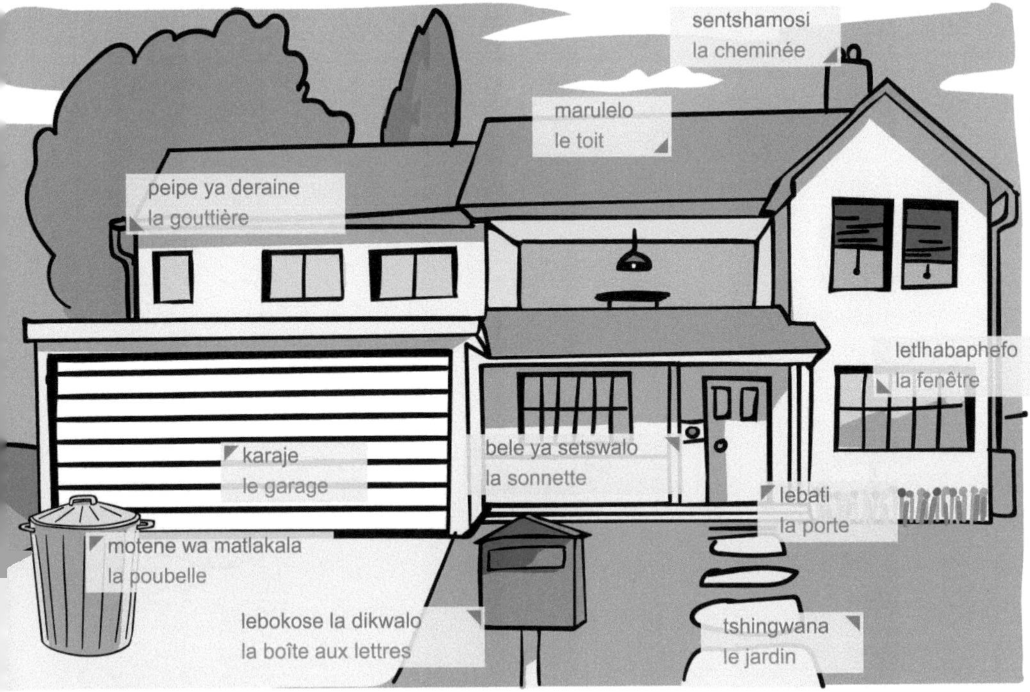
sentshamosi
la cheminée
marulelo
le toit
peipe ya deraine
la gouttière
letlhabaphefo
la fenêtre
karaje
le garage
bele ya setswalo
la sonnette
lebati
la porte
motene wa matlakala
la poubelle
lebokose la dikwalo
la boîte aux lettres
tshingwana
le jardin

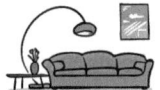

phaposi ya bodulo

le salon

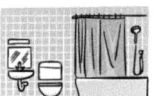

phaposi ya go tlhapela

la salle de bain

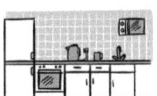

boapeelo

la cuisine

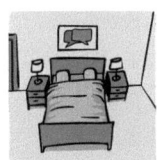

phaposi ya borobalo

la chambre à coucher

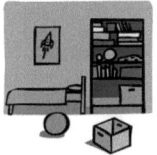

phaposi ya bana

la chambre d'enfant

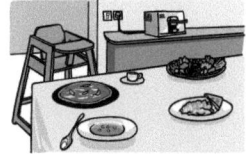

phaposi ya bojelo

la salle à manger

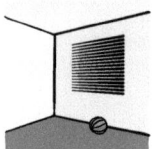

mo fatshe

le sol

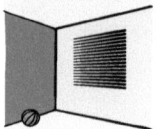

lebota

le mur

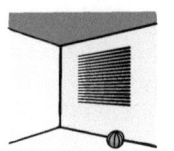

siling

le plafond

mabolokelo

la cave

se futhumatsa mmele

le sauna

mokatako

le balcon

mokgekolosa

la terrasse

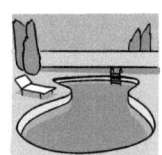

makadiba

la piscine

sedirisiwa sa go sega
bojang

la tondeuse à gazon

lakane

la housse

kobo

la couette

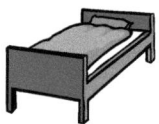

bolao

le lit

lefielo

le balai

kgamelo

le sceau

switch

l'interrupteur

phaposi ya bodulo
le salon

pampiri e e kgabisng lebota
le papier peint
setshwantsho
l'image
lobone
la lampe
raka
l'étagère
raka
l'armoire
thelebishene
la télé
iso
la cheminée
lelomo
la fleur
mosamo
le coussin
soufa
le sofa
setsenya malomo
le vase
selaola thelebishene o le kgakala le yone
la télécommande

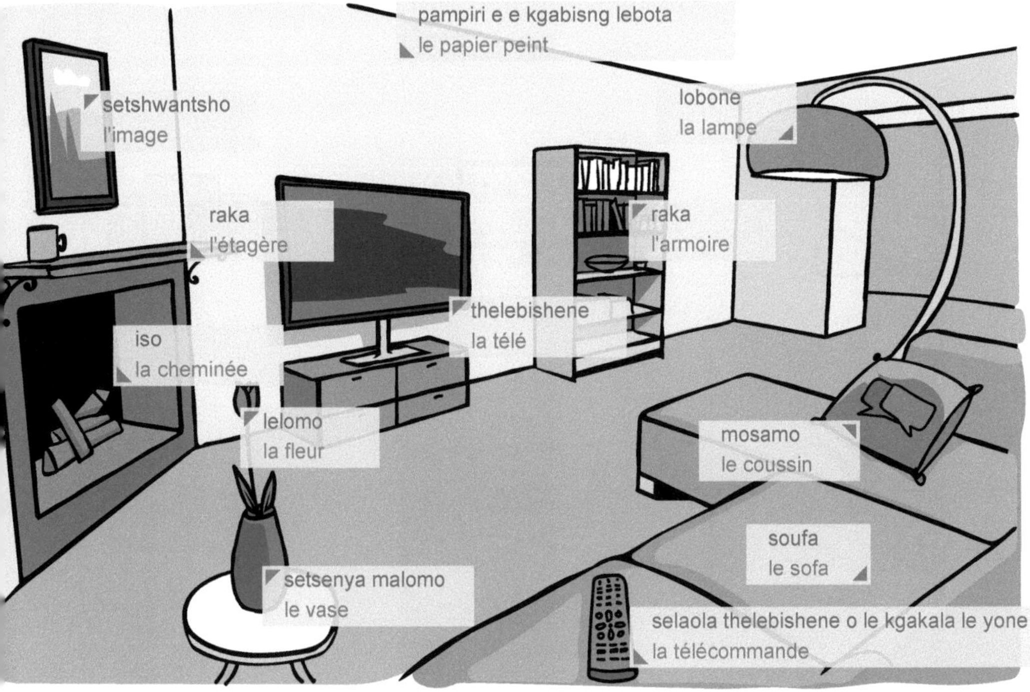

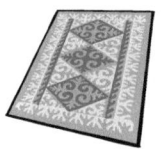

mmetshe
le tapis

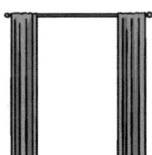

garetene
le rideau

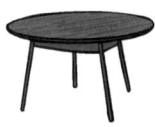

tafole
la table

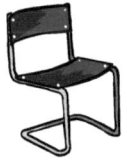

setulo
la chaise

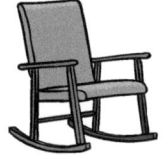

setulo se se binang
la chaise à bascule

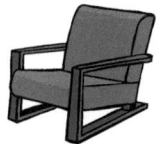

setulo se se naleng boikego
le fauteuil

buka

le livre

kobo

la couverture

mokgabiso

la décoration

dikgong tsa molelo

le bois de chauffage

filimi

le film

hi-fi ya go letsa

la chaîne hi-fi

selotlolo

la clé

lokwalodikgang

le journal

setshwantsho se se dirilweng ka pente

la peinture

pampiri ya go phasalatsa

le poster

seyalemowa

la radio

buka ya dintla

le bloc-notes

huvara

l'aspirateur

motoroko

le cactus

kerese

la bougie

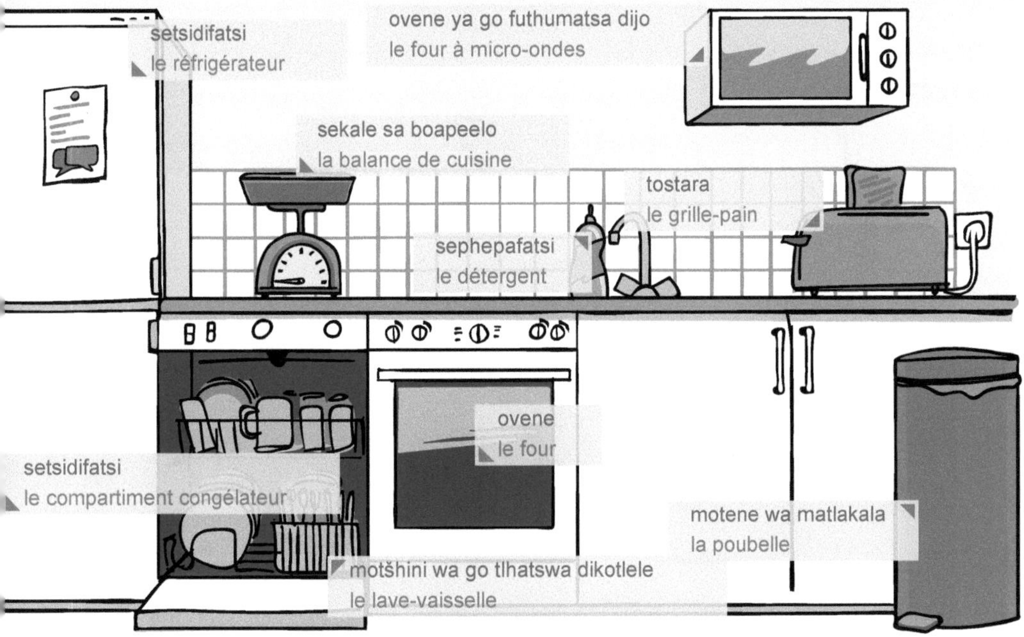

setsidifatsi
le réfrigérateur

ovene ya go futhumatsa dijo
le four à micro-ondes

sekale sa boapeelo
la balance de cuisine

tostara
le grille-pain

sephepafatsi
le détergent

ovene
le four

setsidifatsi
le compartiment congélateur

motene wa matlakala
la poubelle

motšhini wa go tlhatswa dikotlele
le lave-vaisselle

moapei

le four

pitsa

la casserole

pitsa ya tshipi

la marmite

wok / kadai

le wok / kadai

pane

la poêle

ketlele

la bouilloire electrique

sefuthumatsi

le cuiseur vapeur

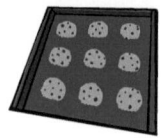

terei ya go baka

la plaque de cuisson

dintsho

la vaisselle

kopi

le gobelet

sejana

la coupe

thobane ya go rema

les baguettes

thoka

la louche

sepatšhula

la spatule

wiskara

le fouet

setereinara

la passoire

setlhotlhi

le tamis

greitara

la râpe

kika

le mortier

nama ya kgomo

le barbecue

molelo o o mopepeneneg

la cheminée

boroto ya go segela

la planche à découper

rolara

le rouleau à pâtisserie

sebula dibotlolo tsa beine

le tire-bouchon

moteme

la boîte

sebula moteme

l'ouvre-boîte

setshwari sa pitsa

les maniques

sinki

le lavabo

boratšhe

la brosse

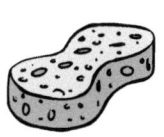

sepontšhe

l'éponge

setlhakanya dijo / maungo

le mixeur

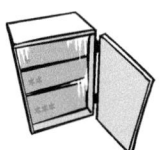

setsidifatsi

le congélateur

botlole ya ngwana

le biberon

tepe

le robinet

phaposi ya go tlhapela

la salle de bain

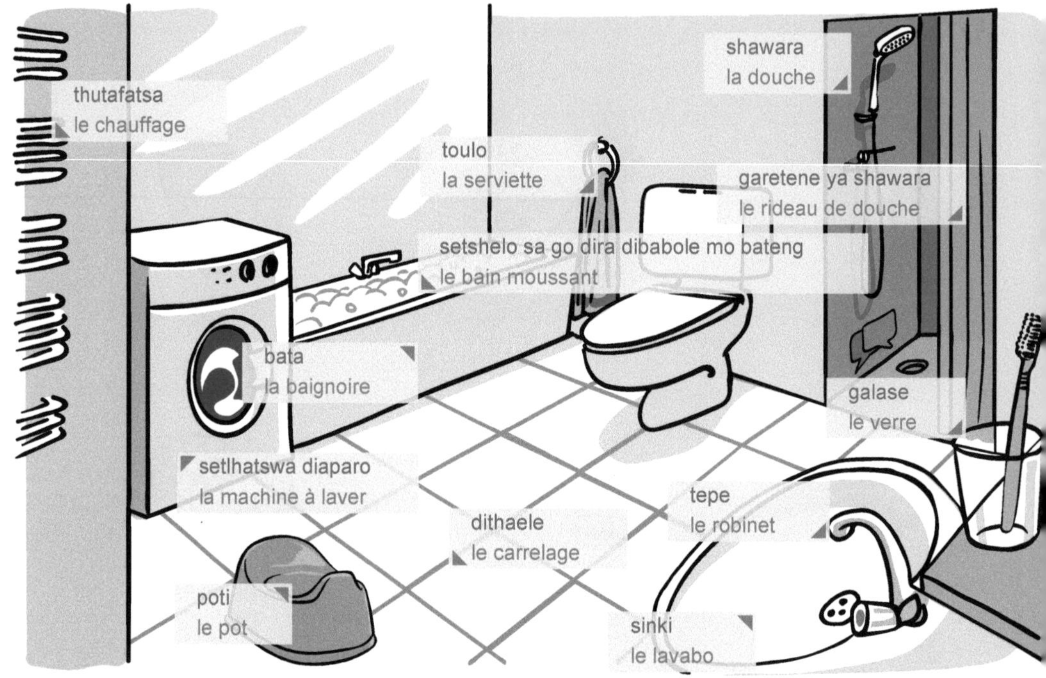

thutafatsa
le chauffage
shawara
la douche
toulo
la serviette
garetene ya shawara
le rideau de douche
setshelo sa go dira dibabole mo bateng
le bain moussant
bata
la baignoire
galase
le verre
setlhatswa diaparo
la machine à laver
tepe
le robinet
dithaele
le carrelage
poti
le pot
sinki
le lavabo

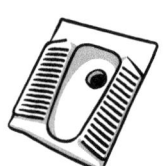

ntlwana

les toilettes

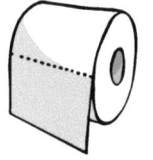

ntlwana ya go kotama

la toilette à la turque

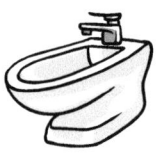

bidete

le bidet

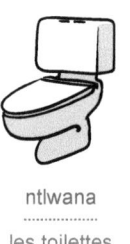

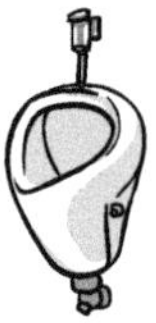

moroto

l'urinoir

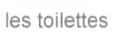

pampiri ya boithomelo

le papier toilette

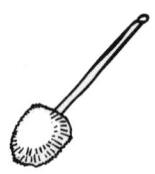

boratšhe jwa ntlwana

la brosse à toilette

boratšhe jwa meno

la brosse à dents

sesepa sa meno

le dentifrice

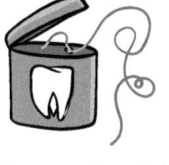

tlhale ya go phepafatsa
meno

le fil dentaire

tlhatswa

laver

shawara ya go itshwarela

la douche manuelle

senkgisa monate

la douche intime

beisini

la vasque

boratšhe jwa mokwatla

la brosse dorsale

sesepa

le savon

jele ya shawara

le gel douche

setlhapisa moriri

le shampooing

folanele

le gant de toilette

mosele

l'écoulement

setlolo

la crème

senkgamonate

le déodorant

seipone

le miroir

seipone sa go itshwarela

le miroir cosmétique

legare

le rasoir

foumu ya go ntsha moriri

la mousse à raser

foumu ya fa o fetsa go
ntsha moriri

l'après-rasage

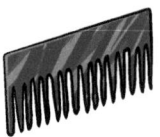

kama

la peigne

boratšhe

la brosse

seomisa moriri

le sèche-cheveux

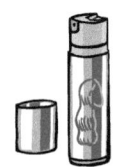

seporei sa moriri

la laque pour cheveux

seitlole sa sefatlhego

le fond de teint

setlolo sa molomo

le rouge à lèvres

pente ya dinala

le vernis à ongles

boboa

l'ouate

sekere sa dinala

le coupe-ongles

leokwane le le nkgang
monate

le parfum

kgetsana ya go tlhatswa

la trousse de toilette

setulo

le tabouret

sekale sa go lekanya

le pèse-personne

seaparo sa botlhapelo

le peignoir

ditlelafo tsa rekere

les gants de nettoyage

tempone

le tampon

edirisiwa sa basadi ba ba
mo kgweding

es serviettes hygiéniques

ntlwana ya khemikhale

la toilette chimique

phaposi ya bana
la chambre d'enfant

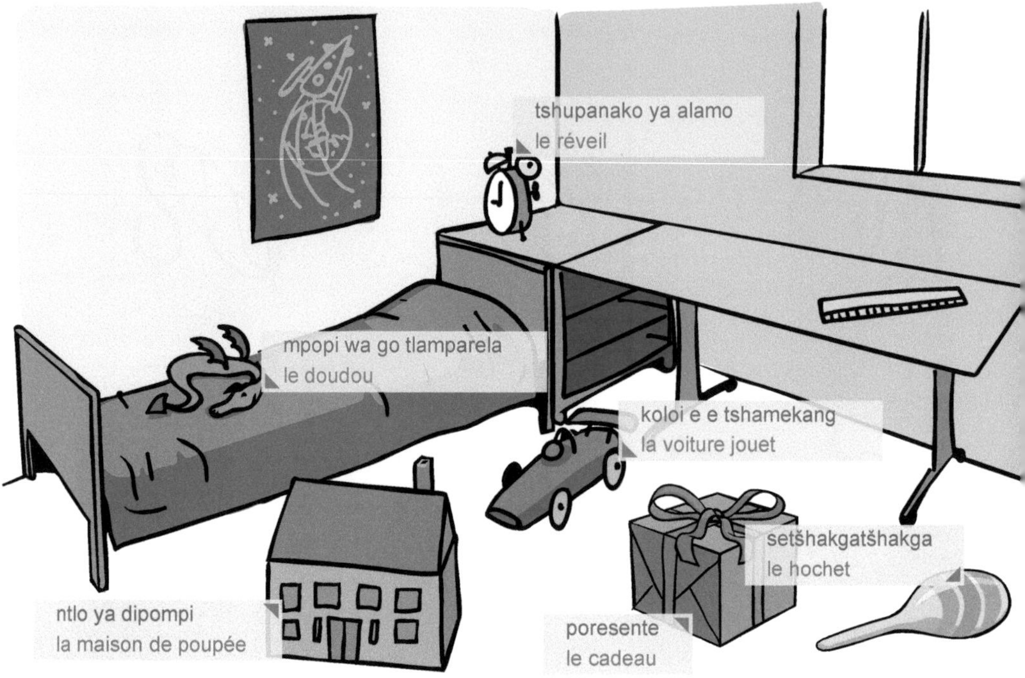

tshupanako ya alamo
le réveil

mpopi wa go tlamparela
le doudou

koloi e e tshamekang
la voiture jouet

setšhakgatšhakga
le hochet

ntlo ya dipompi
la maison de poupée

poresente
le cadeau

baluni
le ballon

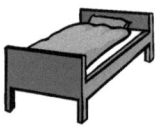

bolao
le lit

porema
la poussette

deck of cards
le jeu de cartes

saga ya motlakase
le puzzle

buka ya ditshegisi
la bande dessinée

matlapa a go tshameka

les pièces lego

diboloko tse di tshamekang

les blocs de construction

setshwantsho sa motho

la figurine

seaparo sa lesea

la grenouillère

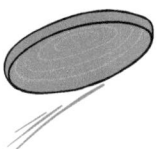

Frisbee

le frisbee

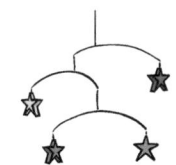

selo sa go letsa mmino mo ditsebeng

le mobile

motshameko wa boroto

le jeu de société

daese

le dé

terena

le train miniature

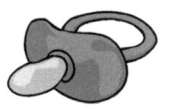

tami

la sucette

moletlo

la fête

buka ya ditshwantsho

le livre d'images

bolo

la balle

mpopi

la poupée

tshameka

jouer

lebala le le naleng santa

le bac à sable

moswinki

la balançoire

ditshamekisi tsa bana

les jouets

motshameko wa dibidio

la console de jeu

baesekele ya maotwana a a mararo

le tricycle

bera e e diretsweng go tshamekisa bana

l'ours en peluche

raka ya go baya diaparo

l'armoire

seaparo

les vêtements

dikausu

les chaussettes

dikausu tsa basadi

les bas

dithaetse

le collant

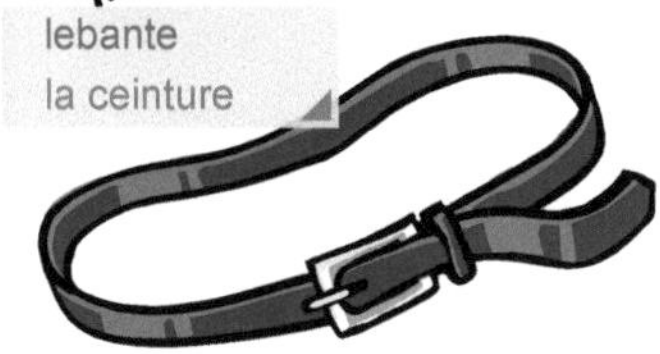

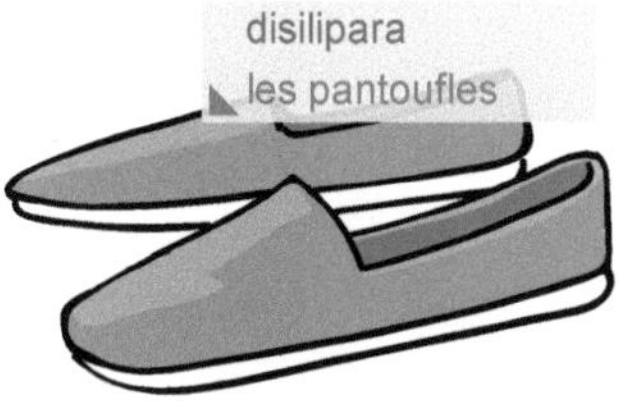

sekhafo
l'écharpe

sekhukhu
le parapluie

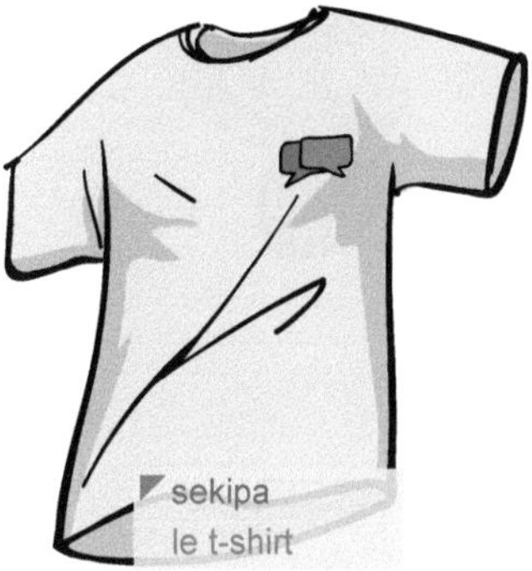

lebante
la ceinture

sekipa
le t-shirt

diteki
les baskets

dibutshi
les bottes

disilipara
les pantoufles

dimphatšhane

les sandales

ditlhako

les chaussures

dibutshi tsa rekere

les bottes de caoutchouc

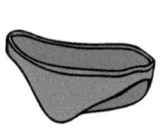

borukgwe jwa kwateng

les sous-vêtements

boraa

le soutien-gorge

besete

le maillot de corps

mmele

le body

borukgwe

le pantalon

bokate

le jean

sekete

la jupe

bolaose

le chemisier

hempe

la chemise

jeresi e e senang matsogo

le pull

jakete e e enaleng hutshe

le sweat à capuche

boleisara

la veste

jakete

la veste

jase

le manteau

jase ya pula

l'imperméable

khosetjhumo

le costume

mosese

la robe

mosese wa lenyalo

la robe de mariée

sutu

le costume

seaparo sa bosigo

la chemise de nuit

diaparo tsa go robala

le pyjama

sari

le sari

sekhafa sa tlhogo

le foulard

turban

le turban

burqa

la burqa

kaftan

le caftan

abaya

l'abaya

seaparo sa go thuma

le maillot de bain

diteranka

le maillot de bain

borukgwe jo bo khutshwane

le short

terekesutu

la tenue d'entraînement

seaparo sa go phephafatsa

le tablier

ditlelafo

les gants

talama

le bouton

diborele

les lunettes

sebaga

le bracelet

sebaga sa mo thamong

le collier

palamonwana

la bague

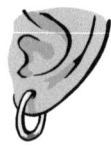

lengena

la boucle d'oreille

kepisi

le bonnet

sepega baki

le cintre

hutshe

le chapeau

tae

la cravate

zepe

la fermeture éclair

hutshe ya sethuthuthu

le casque

ditrata tsa meno

les bretelles

diaparo tsa sekolo

l'uniforme scolaire

diaparo tsa mmereko /
diaparo tsa sekolo

l'uniforme

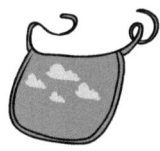

bebe

le bavoir

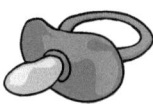

tami

la sucette

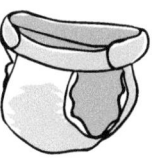

mongato

la lange

kantoro

le bureau

server
le serveur
lekase la difaele
l'armoire d'archivage
segatisi
l'imprimante
monithara
l'écran
pampiri
le papier
maose
la souris
tafole
le bureau
fouldara
le classeur
khiboto
le clavier
setulo
la chaise
moteme wa dipampiri
la corbeille à papier
khomputara
l'ordinateur

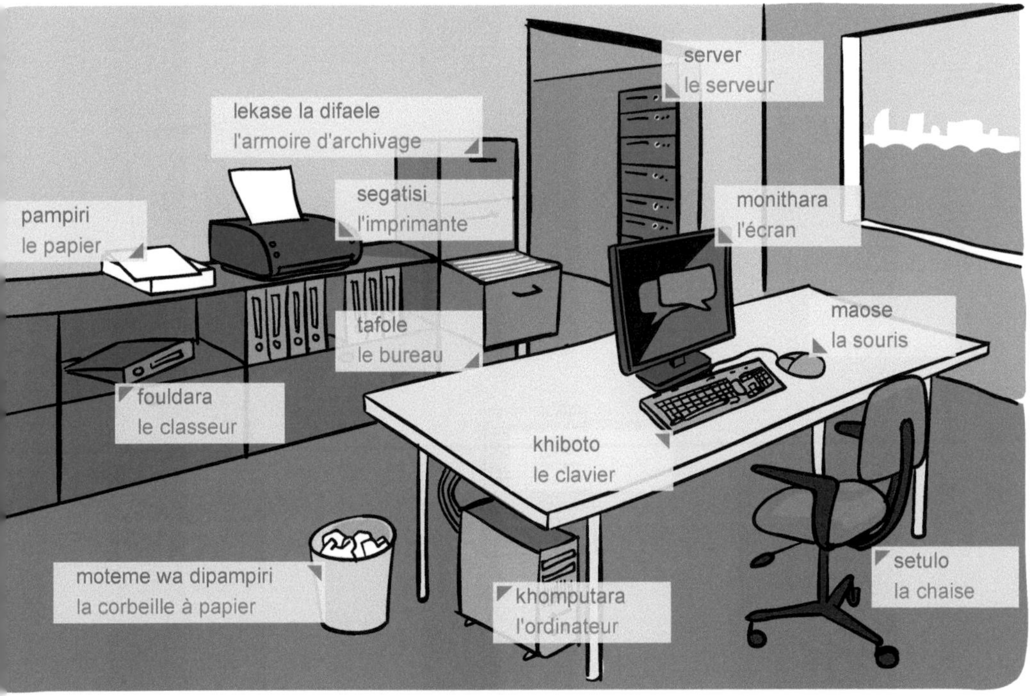

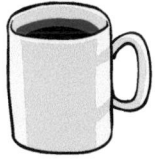

kopi

la tasse de café

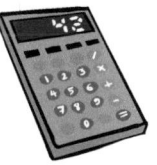

khalkhuleitara

la calculatrice

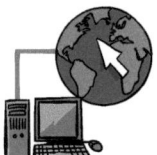

inthanete

l'internet

lapothopo

l'ordinateur portable

lekwalo

la lettre

molaetsa

le message

mogala wa letheka

le portable

kgolagano ya megala

le réseau

segatisa dipampiri

la photocopieuse

software

le logiciel

mogala

le téléphone

sokete ya polaka

la prise

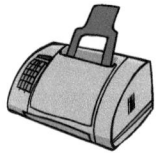

motšhini wa fekese

le fax

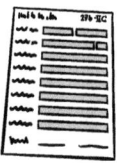

foromo

le formulaire

setlankana

le document

reka

acheter

patela

payer

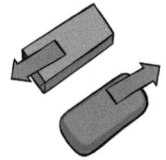

rekisa

faire du commerce

madi / tšhelete

la monnaie

USD

dolara

le dollar

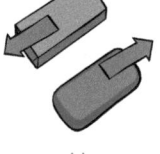
EUR

euro

l'euro

JPY

yen

le yen

RUB

roubele

le rouble

CHF

swiss franc

le franc suisse

CNY

renminbi yuan

le renminbi yuan

INR

rupee

la roupie

lefelo la madi

le distributeur automatique

kantoro ya go fetola madi

le bureau de change

gauta

l'or

selefera

l'argent

oli

le pétrole

maatla

l'énergie

tlhwatlhwa

le prix

konteraka

le contrat

lekgetho

la taxe

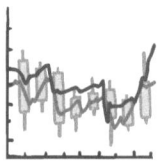

setoko

l'action

dira

travailler

mothapiwa

l'employé

mothapi

l'employeur

bodirelo

l'usine

lebenkele

le magasin

lepodisi
l'agent de police

motimamolelo
le pompier

moapei
le cuisinier

ngaka
le médecin

mokgweetsi wa sefofane
le pilote

ratshingwana

le jardinier

mmetli wa dikgong

le menuisier

moroki

la couturière

moatlhodi

le juge

moitse wa melemo

le chimiste

modiragatsi

l'acteur

mokgweetsi wa bese

le conducteur de bus

mokgweetsi wa tekisi

le chauffeur de taxi

motshwari wa ditlhapi

le pêcheur

Mme yo o phepafatsang

la femme de ménage

moruledi

le couvreur

weitara

le serveur

motsumi

le chasseur

motaki

le peintre

mmesi wa senkgwe

le boulanger

ramotlakase

l'électricien

moagi

l'ouvrier

moenjenere

l'ingénieur

mosegi wa nama

le boucher

motsenyi wa diphaepe tsa metsi

le plombier

motsamaisa poso

le facteur

leshole

le soldat

modiri wa dipolane

l'architecte

morekisi

le caissier

morekisi wa malomo

le fleuriste

mokgabisamoriri

le coiffeur

kondactara

le contrôleur

mokheneke

le mécanicien

mokapeteine

le capitaine

ngaka ya meno

le dentiste

Rasaense

le scientifique

moruti

le rabbin

imam

l'imam

moitlami

le moine

moruti

le prêtre

didiriswa

les outils

hamore
le marteau
tang
les pinces
sekurufu deraevara
le tournevis
sepanere
la clé
lobone
la torche

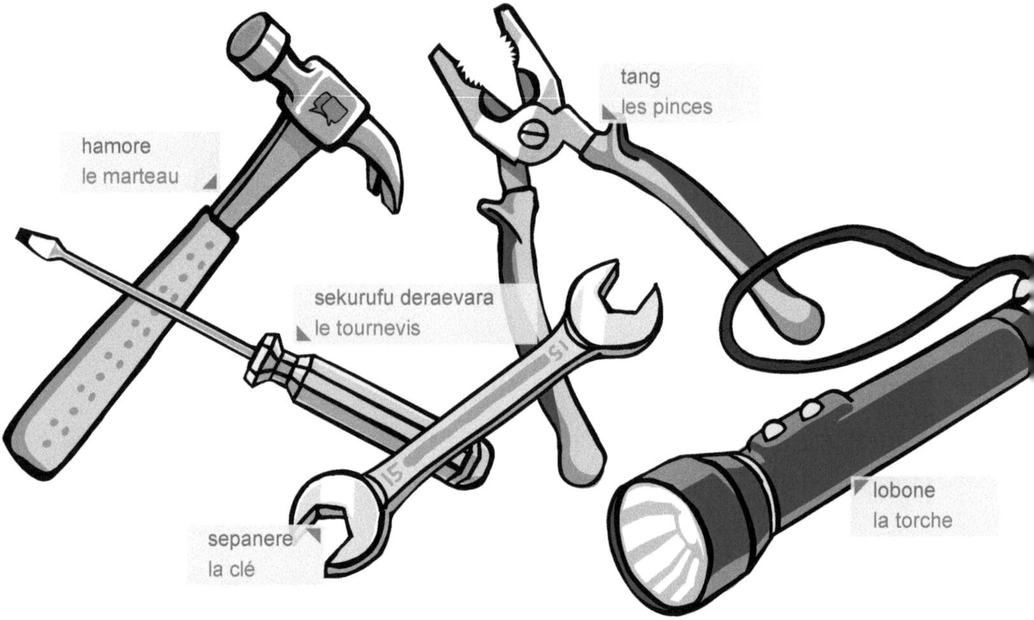

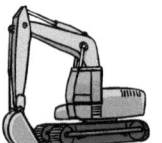

moepi

la pelleteuse

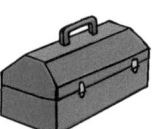

bokoso ya didirisiwa

la boîte à outils

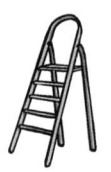

lere

l'échelle

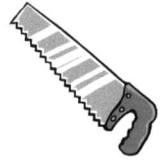

saga

la scie

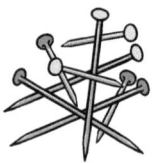

dipekere

les clous

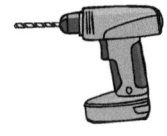

sebori

la perceuse

baakanya
réparer

garawe
la pelle

ijaa!
Mince !

seolela matlakala
la pelle

pitsa ya pente
le pot de peinture

sekurufu
les vis

didirisiwa tsa mmino
les instruments de musique

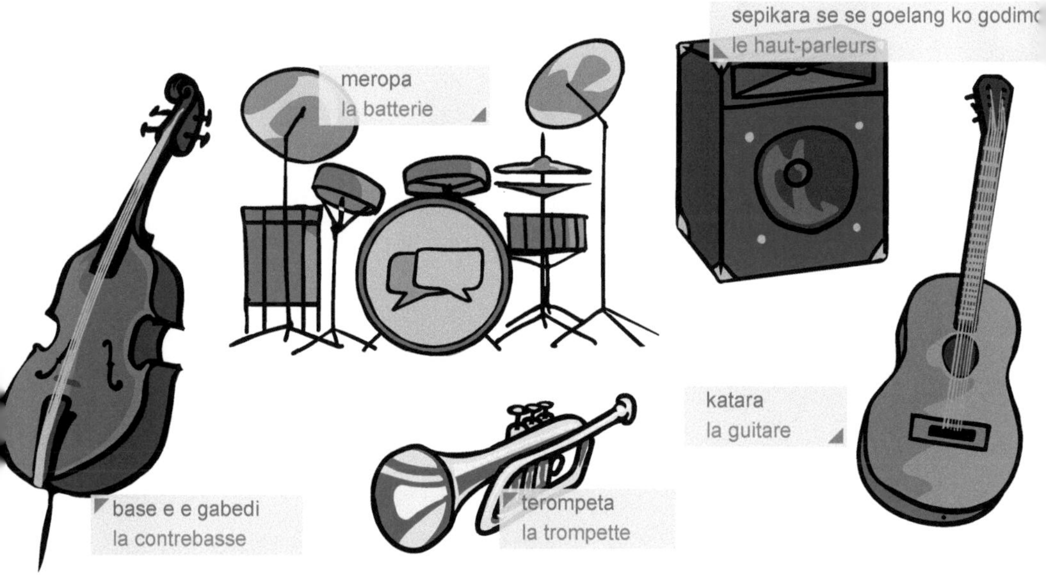

meropa
la batterie

sepikara se se goelang ko godimo
le haut-parleurs

katara
la guitare

base e e gabedi
la contrebasse

terompeta
la trompette

piano

le piano

bayolini

le violon

base

la basse

timpane

les timbales

meropa

le tambour

khiboto

le piano électrique

sekesofone

le saxophone

phala

la flûte

sebuela godimo

le microphone

lefelo la go bonela diphologolo

le zoo

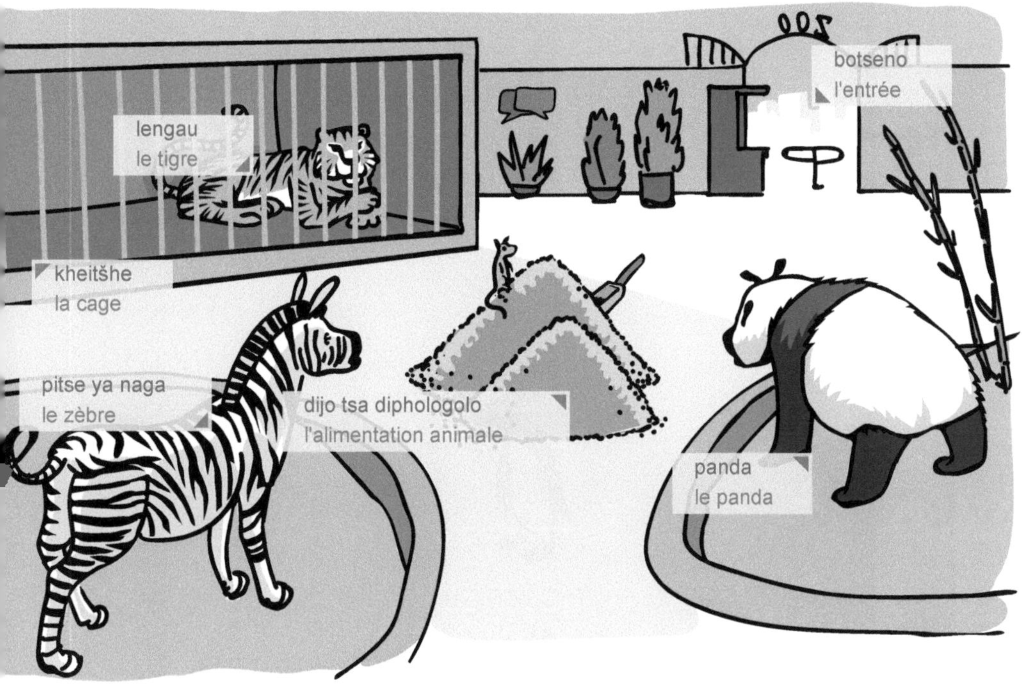

zoo
botseno
l'entrée
lengau
le tigre
kheitšhe
la cage
pitse ya naga
le zèbre
dijo tsa diphologolo
l'alimentation animale
panda
le panda

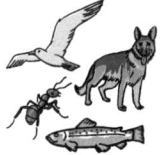

diphologolo

les animaux

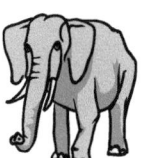

tlou

l'éléphant

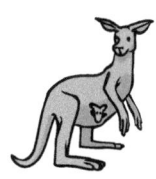

dikhankaruu

le kangourou

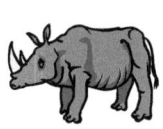

tshukudu

le rhinocéros

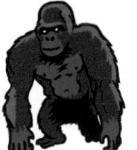

tshweni

le gorille

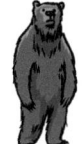

bera

l'ours

kamela

le chameau

tshwene

le singe

bera e e dulang ko lefelong
le le tsididi thata

l'ours polaire

phikoko

le paon

motlhokomedi wa
diphologolo

le gardien de zoo

kalakune

l'autruche

flamingo

le flamand rose

nonyane tsa lewatle

le pingouin

noga

le serpent

sili

le phoque

tau

le lion

papalagae

le perroquet

leruarua

le requin

kwena

le crocodile

katse

le jaguar

petsana
....
le poney

lengau
....
le léopard

tshukudu
....
l'hippopotame

thutlwa
....
la girafe

ntsu
....
l'aigle

dikolobe tsa naga
....
le sanglier

tlhapi
....
le poisson

khudu
....
la tortue

walrus
....
le morse

ntja ya naga
....
le renard

tshephe
....
la gazelle

kgwele ya dinao ya Amerika
l'american Football

motshameko wa baesekele
le cyclisme

tenese
le tennis

baseketebolo
le basket-ball

thuma
la natation

motshameko wa go lwa ka diatla
la boxe

hockey ya mo aeseng
le hockey sur glace

kgwele ya dinao

le football

badminthone

le badminton

atletiki

l'athlétisme

kgwele ya diatla

le handball

skiing

le ski

polo

le polo

tshega
rire

tlola
sauter

tlamparela
embrasser

opela
chanter

tsamaya
marcher

lora
rêver

rapela
prier

atla
faire la bise

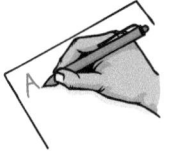

kwala

écrire

torowa

dessiner

bontsha

montrer

kgorometsa

pousser

naya

donner

tsaya

prendre

go nna

avoir

dira

faire

nna

être

ema

être debout

taboga

courir

goga

trier

latlha

jeter

wa

tomber

maaka

être couché

ema

attendre

tsholetsa

porter

dula

être assis

apara

s'habiller

robala

dormir

tsoga

se réveiller

leba

regarder

lela

pleurer

thuma ka lemorago

caresser

kama

peigner

bua

parler

tlhaloganya

comprendre

botsa

demander

reetsa

écouter

nwa

boire

ja

manger

phepafatsa

ranger

lorato

aimer

apaya

cuire

kgweetsa

conduire

fofa

voler

seila

faire de la voile

khalkhuleitara

calculer

bala

lire

ithute

apprendre

dira

travailler

nyala

se marier

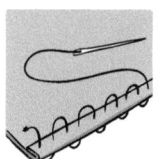

roka

coudre

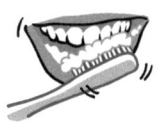

tlhapa meno

brosser les dents

bolaya

tuer

tsuba

fumer

romela

envoyer

lelapa

la famille

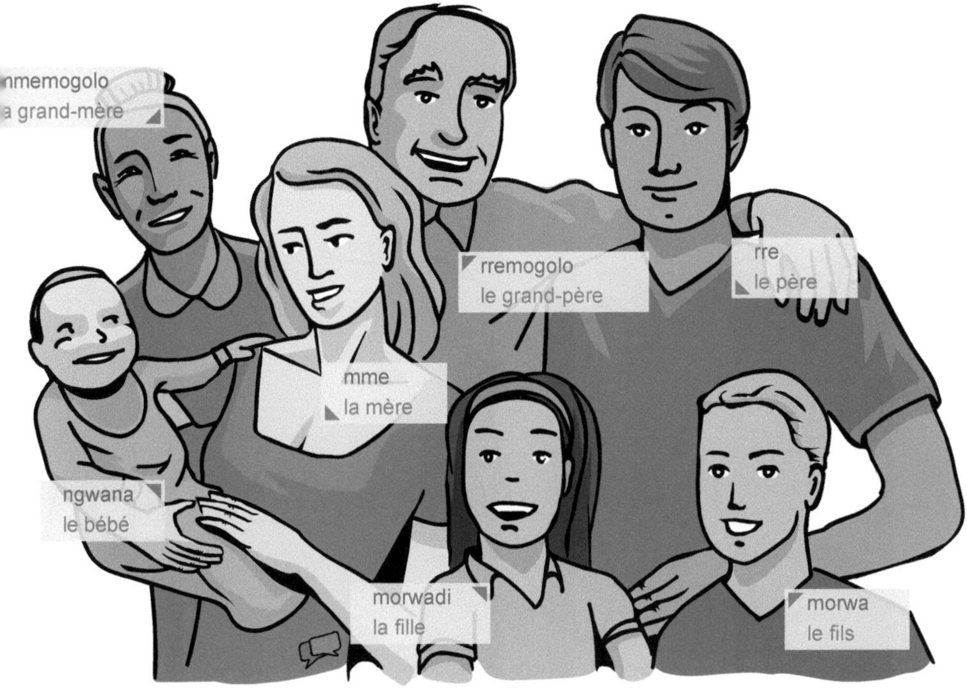

nmemogolo
a grand-mère
rremogolo
le grand-père
rre
le père
mme
la mère
ngwana
le bébé
morwadi
la fille
morwa
le fils

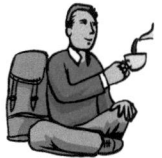

moeng

l'hôte

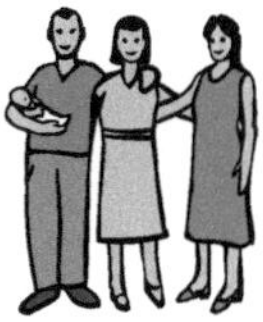

mmangwane

la tante

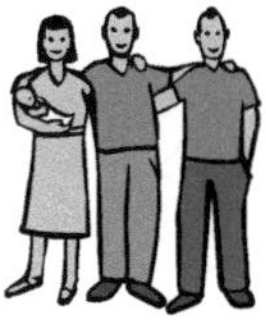

malome

l'oncle

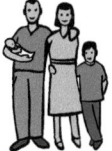

abuti

le frère

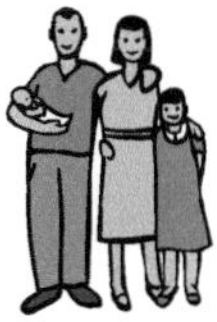

ausi

la sœur

mmele

le corps

phatlha
le front
leitlho
l'œil
legetla
l'épaule
monwana
le doigt
sefatlhego
le visage
seledu
le menton
seatla
la main
leoto
la jambe
letsele
la poitrine
letsogo
le bras

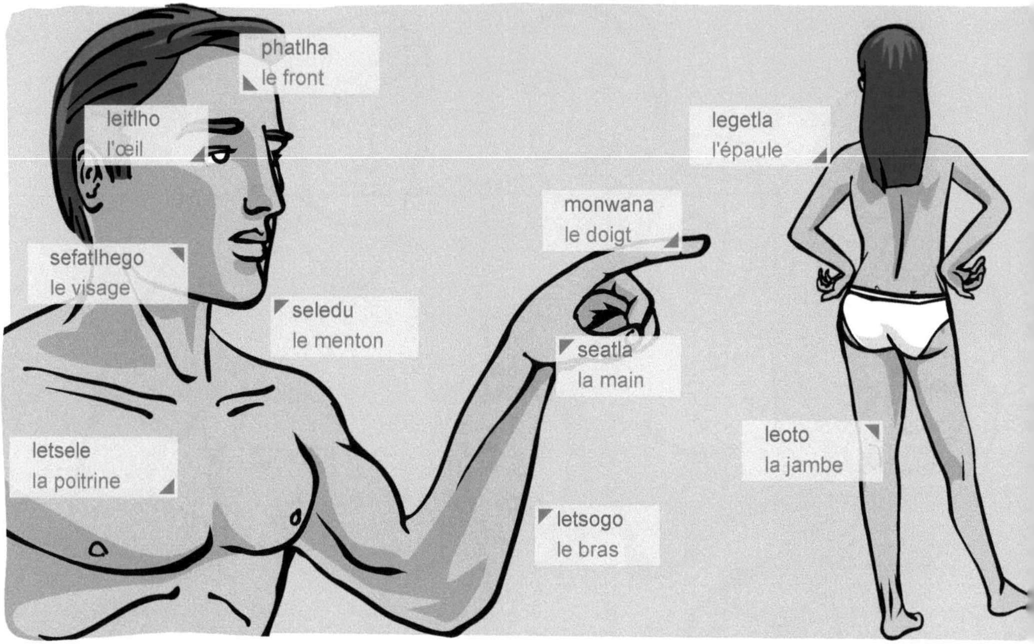

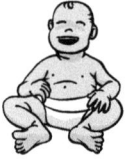

ngwana

le bébé

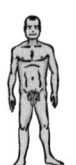

monna

l'homme

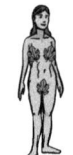

mosadi

la femme

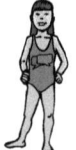

mosetsana

la fille

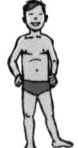

mosimane

le garçon

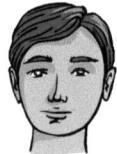

tlhogo

la tête

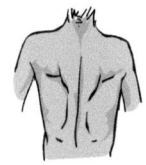

mokwatla

le dos

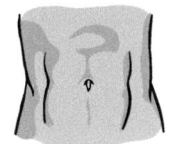

mpa

le ventre

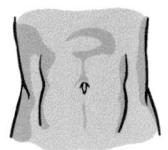

khubu

le nombril

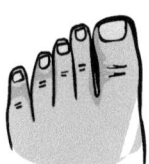

monwana

l'orteil

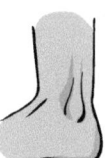

serethe

le talon

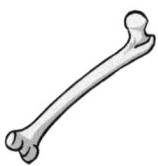

lerapo

l'os

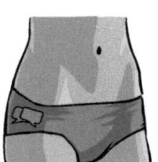

letheka

la hanche

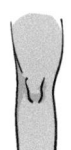

lengole

le genou

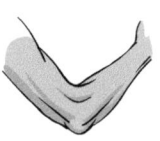

sekgono

le coude

nko

le nez

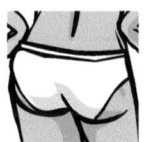

ko tlase

les fesses

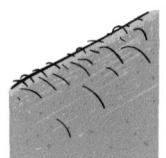

letlalo

la peau

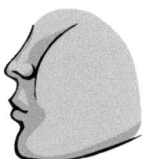

lerama

la joue

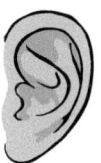

tsebe

l'oreille

pounama

la lèvre

molomo
la bouche

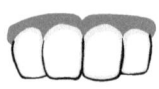

leino
la dent

loleme
la langue

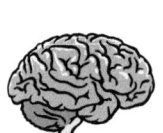

boboko
le cerveau

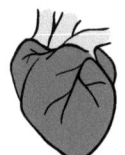

pelo
le cœur

maatla
le muscle

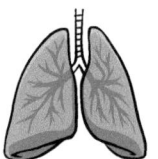

lekgwafo
les poumons

sebete
le foie

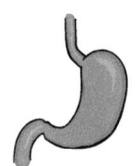

mala
l'estomac

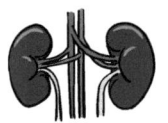

diphio
les reins

bong
le rapport sexuel

mosomelwana
le préservatif

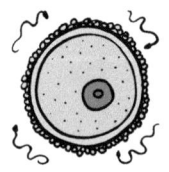

sebelegi sa ngwana
l'ovule

semen
le sperme

moimana
la grossesse

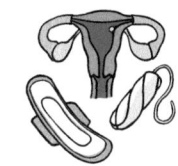

inako tsa go tla ka kgwedi
tsa basadi
....
la menstruation

serwe sa mosadi
....
le vagin

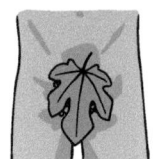

serwe sa monna
....
le pénis

dintshi
....
le sourcil

moriri
....
les cheveux

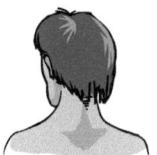

thamo
....
le cou

sepetlele

l'hôpital

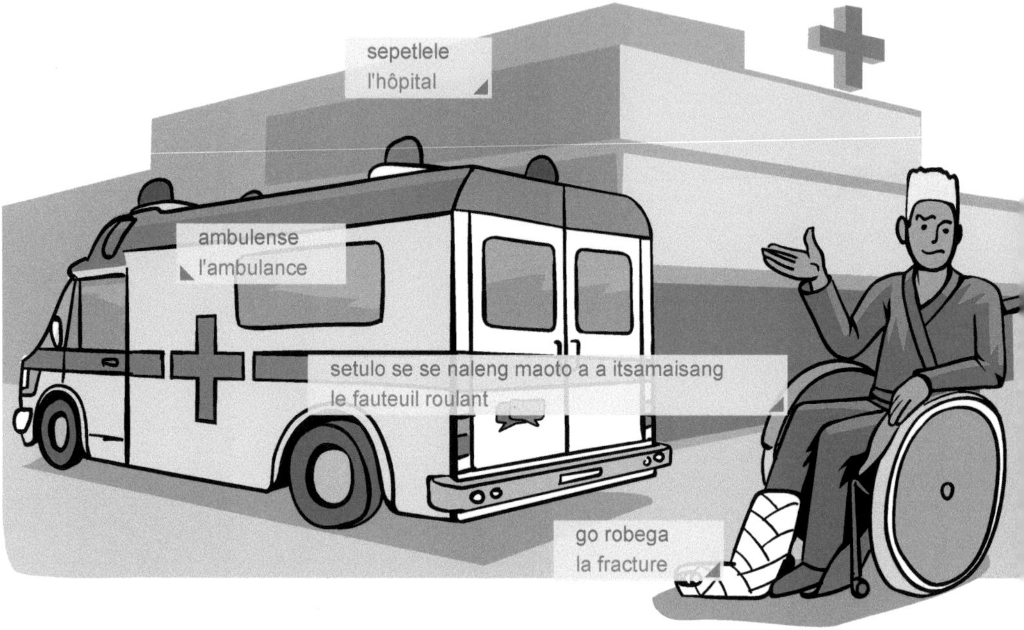
sepetlele
l'hôpital
ambulense
l'ambulance
setulo se se naleng maoto a a itsamaisang
le fauteuil roulant
go robega
la fracture

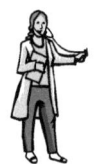

ngaka

le médecin

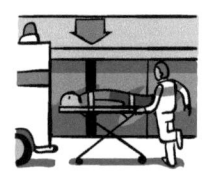

phaphosi ya tshoganyetso

le service des urgences

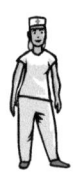

mooki

l'infirmière

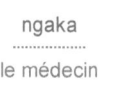

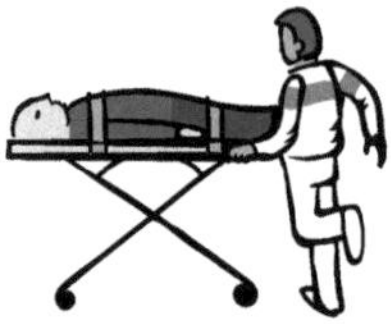

tshoganyetso

l'urgence

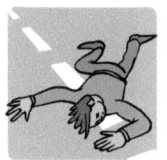

idibala

inconscient

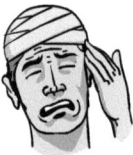

setlhabi

la douleur

kgobalo

la blessure

go dutla madi

l'hémorragie

tlhaselo ya pelo

la crise cardiaque

setorouko

l'attaque cérébrale

bolwetsi

l'allergie

go gotlhola

la toux

fulu

la fièvre

fulu

la grippe

letshololo

la diarrhée

opiwa ke tlhogo

le mal de tête

kankere

le cancer

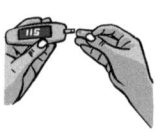

sukiri ya mmele

le diabète

moari

le chirurgien

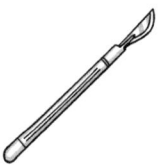

sekalepele

le scalpel

karo

l'opération

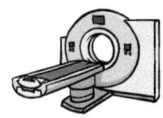

CT
le CT

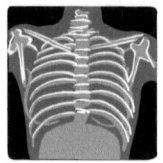

x-ray
la radiographie

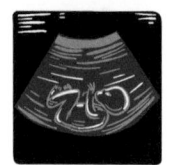

motšhini wa go leba mo mpeng
l'échographie

sesira sefatlhego
le masque

twatsi
la maladie

phaposi boletelo
la salle d'attente

dithobane
la béquille

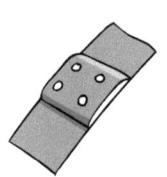

polasetara
le pansement

sefapho
le pansement

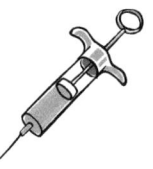

lemao
l'injection

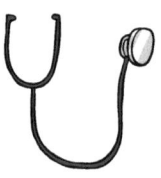

setetosekoupu
le stéthoscope

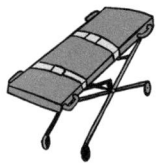

seteretšhara
le brancard

themometara ya bongaka
le thermomètre

pelegi
l'accouchement

bokima jwa mmele
la surcharge pondérale

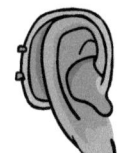

sedirisiwa sa go thusa go
utlwa

l'appareil auditif

sesireletsa dintho

le désinfectant

tshwaetso

l'infection

mogare

le virus

HIV / AIDS

le VIH / le sida

melemo

le médicament

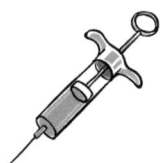

mokento

la vaccination

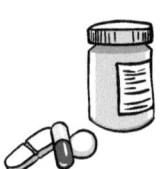

thabolete

les comprimés

pilisi

la pilule

mogala wa tshoganyetso

l'appel d'urgence

motšhini wa go ela tlhoko
kgatelelo ya madi

le tensiomètre

lwala / itekanetse

malade / sain

Thusa!

Au secours !

tshotlako

l'assaut

tlhasela

l'attaque

kotsi

le danger

kgoro ya tshoganyetso

la sortie de secours

Molelo!

Au feu!

setima moleleo

l'extincteur

kotsi

l'accident

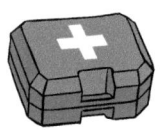

khiti ya go thusa ka dikgobalo

la trousse de premier secours

SOS

SOS

lepodisi

la police

Yuropa

l'Europe

Bokone jwa Amerika

l'Amérique du Nord

Borwa jwa Amerika

l'Amérique du Sud

Aforika

l'Afrique

Asia

l'Asie

Australia

l'Australie

Atlantic

l'Océan atlantique

Pacific

l'Océan pacifique

Lewatle la India

l'Océan indien

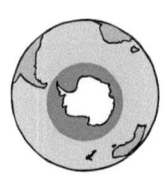

Lewatle la Antarctic

l'Océan antarctique

Lewatle la Arctic

l'Océan arctique

Bokone

le Pôle nord

Borwa

le Pôle sud

Antartica

l'Antarctique

Lefatshe

la terre

lefatshe

le pays

lewatle

la mer

losi lwa lewatle

l'île

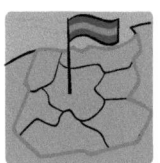

lotso

la nation

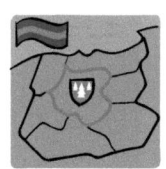

boemo

l'état

lentle la tshupanako

le cadran

letsogo la ura

l'aiguille des heures

letsogo la metsotso

l'aiguille des minutes

letsogo la metsotswana

l'aiguille des secondes

ke nako mang?

Quelle heure est-il ?

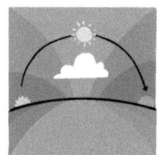

letsatsi

le jour

nako

le temps

go ne jaanong

maintenant

tshupanako ya dijithale

la montre digitale

metsotso

la minute

ura

l'heure

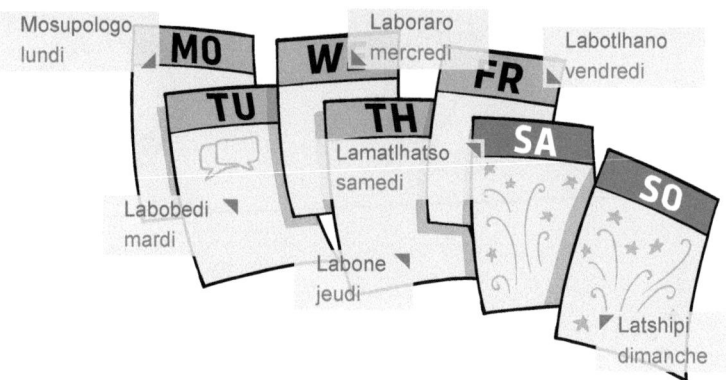

Mosupologo
lundi

Laboraro
mercredi

Labotlhano
vendredi

Labobedi
mardi

Lamatlhatso
samedi

Labone
jeudi

Latshipi
dimanche

maabane

hier

gompieno

aujourd'hui

kamoso

demain

moso

le matin

thapama

le midi

maitseboa

le soir

MO	TU	WE	TH	FR	SA	SU
1	2	3	4	5	6	7
8	9	10	11	12	13	14
15	16	17	18	19	20	21
22	23	24	25	26	27	28
29	30	31	1	2	3	4

malatsi a tiro

les jours ouvrables

MO	TU	WE	TH	FR	SA	SU
1	2	3	4	5	6	7
8	9	10	11	12	13	14
15	16	17	18	19	20	21
22	23	24	25	26	27	28
29	30	31	1	2	3	4

mafelo a beke

le week-end

pula
la pluie

motshe wa badimo
l'arc-en-ciel

letlhwa
la neige

phefo
le vent

dikgakologo
le printemps

letlhafula
l'automne

selemo
l'été

mariga
l'hiver

4.APRIL	11°	☀
5.APRIL	4°	☁
6.APRIL	13°	⛈
7.APRIL	8°	❄
8.APRIL	10°	☀

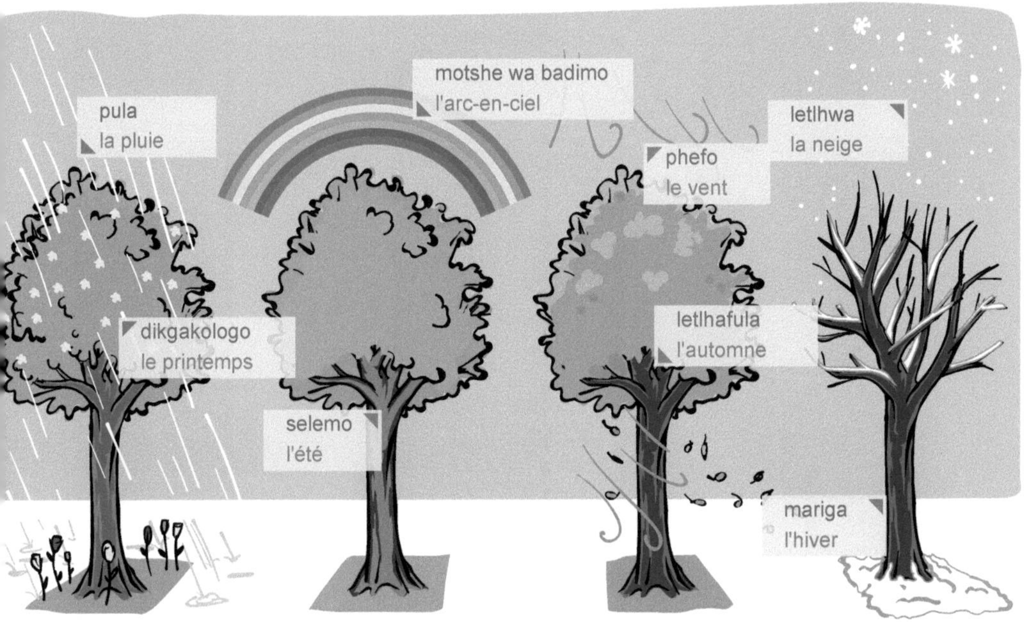

botsogo jwa loapi

la météo

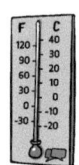

themomithara

le thermomètre

letsatsi

la lumière du soleil

leru

le nuage

mouwane

le brouillard

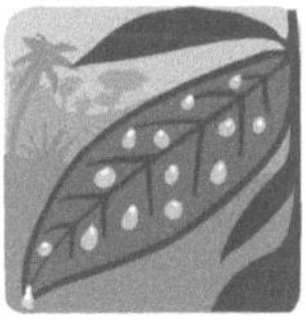

humidity

l'humidité

legadima

la foudre

modumo wa maru

la tonnerre

matsubutsubu

la tempête

sefako

la grêle

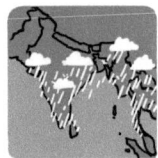

monsoon

la mousson

morwalela

l'inondation

aese

la glace

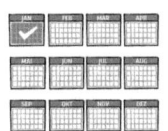

Ferikgong

janvier

Tlhakole

février

Mopitlwe

mars

Moranang

avril

Motsheganong

mai

Seetebosigo

juin

Phukwi

juillet

Phatwe

août

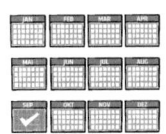

Lwetse
....
septembre

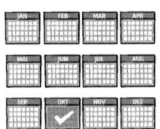

Diphalane
....
octobre

Ngwanaatsele
....
novembre

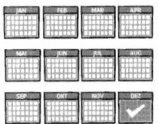

Sedimonthole
....
décembre

dipopego
les formes

kgolokwe
....
le cercle

khutlonne
....
le carré

khutlonnetsepa
....
le rectangle

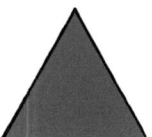

khutlotharo
....
le triangle

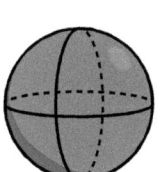

khutlo
....
la sphère

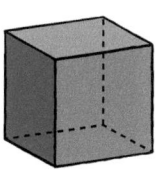

khiubu
....
le cube

dipopego - les formes   83

tshweu

blanc

serolwana

jaune

mmala wa namune

orange

pinki

rose

khibidu

rouge

bohibidu jo bo mokgona

violet

pududu

bleu

tala

vert

tshetlha

marron

tshetlha

gris

ntsho

noir

go le gontsi / go nnye

beaucoup / peu

go kwata / go ritibala

fâché / calme

montle / maswe

joli / laid

tshimologo / bofelo

le début / la fin

tonna / nnyane

grand / petit

lesedi / lefifi

clair / obscure

abuti / ausi

frère / soeur

phepa / leswe

propre / sale

feletse / go sa felela

complet / incomplet

motshegare / bosigo

le jour / la nuit

o sule / o a tshela

mort / vivant

bophara / tshesane

large / étroit

ya jega / ga e jege

comestible / incomestible

bosula / molemo

méchant / gentil

go itumela thata / go se itumele

excité / ennuyé

nonne / tshesane

gros / mince

ntlha / bofelo

le premier / le dernier

tsala / sera

l'ami / l'ennemi

tletse / lolea

plein / vide

thata / bonolo

dur / souple

bokete / motlhofo

lourd / léger

tlala / lenyora

faim / soif

lwala / itekanetse

malade / sain

dumelesega / dumeletswe

illégal / légal

botlhale / sematla

intelligent / stupide

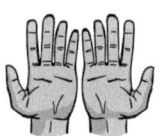

molema / moja

gauche / droite

gaufi / kgakala

proche / loin

sesha / ya kgale

nouveau / usé

sepe / sengwe

rien / quelque chose

mogolo / mosha

vieux / jeune

tsenya / tima

marche / arrêt

bula / tswetswe

ouvert / fermé

tidimalo / modumo

faible / fort

khumo / lehuma

riche / pauvre

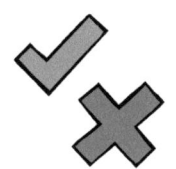

siame / phoso

correct / incorrect

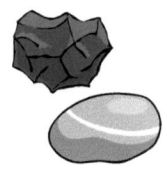

ditlhotlhori / borethe

rugueux / lisse

hutsafetse / itumetse

triste / heureux

khutshwane / telele

court / long

bonya / bonako

lent / rapide

metsi / omile

mouillé / sec

mololo / tsididi

chaud / froid

ntwa / kagiso

la guerre / la paix

les nombres

0

lefela

zéro

1

nngwe

un / une

2

pedi

deux

3

tharo

trois

4

nne

quatre

5

tlhano

cinq

6

thataro

six

7

supa

sept

8

robedi

huit

9

robonngwe

neuf

10

lesome

dix

11

some nngwe

onze

12

some pedi

douze

13

some tharo

treize

14

some nne

quatorze

15

some tlhano

quinze

16

some thataro

seize

17

some supa

dix-sept

18

some robedi

dix-huit

19

some robonngwe

dix-neuf

20

masomamabedi

vingt

100

lekgolo

cent

1.000

sekete

mille

1.000.000

milione

le million

Sejatlhapi

l'anglais

Sejatlhapi sa Amerika

l'anglais américain

se-China

le chinois mandarin

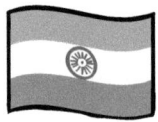

se-Hindi

le hindi

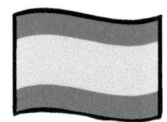

se-Spanish

l'espagnol

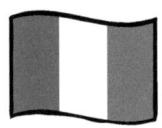

se-For a

le français

se-Araba

l'arabe

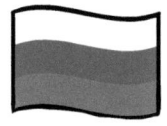

se-Russia

le russe

se-Potokisi

le portugais

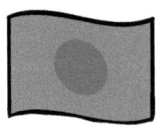

se-Bengali

le bengali

se-Jeremane

l'allemand

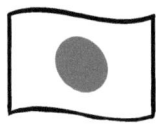

se-Japane

le japonais

Nna

je

wena

tu

ene / ene / sone

il / elle / ce, c', cela

re

nous

wena

vous

bone

ils / elles

mang?

Qui ?

eng?

Quoi ?

jang?

Comment ?

kae?

Où ?

leng?

Quand ?

leina

le nom

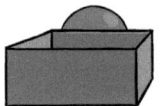

mo morago

derrière

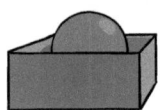

mo

dans

fa pele ga

devant

godimo

au-dessus

mo

sur

fa tlase

en-dessous

mo thoko

à côté de

magareng

entre

lefelo

le lieu